큰 발이 몰려온다!

황종금 글 문종훈 그림

한울림어린이

이야기를 시작하며

어젯밤 꿈에 꿈눈을 보았어요. 긴 장대 끝에 보따리를 매고 어디론가 떠나고 있었지요.

"꿈눈아, 어디 가?"

내가 묻자 꿈눈이 깜깜한 밤하늘을 가리켰어요. 그때 밝은 빛이 내려와 꿈눈을 감싸 안고 공중으로 솟아올랐지요. 꿈눈은 당황하기는커녕 싱글거리며 내게 집게발을 흔들었어요.

"누가 꿈눈이 좀 찾아 주세요."

꿈눈은 집게발이 파란 칠게고요, 눈자루 끝에 달린 눈망울은 유달리 또록또록해요.

나와는 10여 년 전 강화도 갯벌에서 처음 만났답니다.

그때 꿈눈은 굴집에서 낮잠을 자고 있었는데 내가 구멍을 파내어 불러냈어요. 꿈눈은 성격이 참 좋은 친구였어요. 우린 많은 이야기를 나누었지요.

간척사업으로 갯벌이 점점 줄어들고, 새들이 쓰레기를 먹고 죽어 가고, 고라니가 가끔 산에서 내려온다는 이야기는 모두 그때 들었어요.

그러고 보니 우린 10년지기 친구네요. 혹시 갯벌에 갔다가 꿈눈을 만나면 내 안부 좀 전해 줄래요?

설마, 어젯밤 꿈처럼 지구를 떠난 건 아니겠죠?

　　　　　　　　　　　　　　　　　　꿈눈을 생각하며
　　　　　　　　　　　　　　　　　　황 종 금

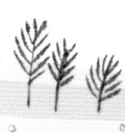

차례

사라진 털보　　　　　　9
켁켁 키릭키릭 도와줘!　　25
칠게, 하늘을 날다　　　　35
큰발에게 잡히다　　　　　47
괴, 괴물이다!　　　　　　59
눈을 감아 봐　　　　　　69

사라진 털보

바닷물이 빠져나간 갯벌에 작은 구멍들이 옴폭 옴폭 드러났어요. 구멍 저 아래에는 꼬마 칠게 꿈눈이 늦잠을 자고 있었습니다. 햇살이 구멍 속을 파고들자 꿈눈은 화들짝 눈을 떴어요.

"늦었다, 늦었어! 털보가 엄청 화내겠는데!"

꿈눈은 차작차작 물을 튀기며 털보네 집으로 달려갔습니다. 몸에 털이 많고 발끝이 빨간 세스랑게 털보는 꿈눈의 단짝친구입니다.

꿈눈이 달려오는 것을 보고 털보가 집게발을 흔들었어요.

"빨리 와. 바닷물이 들어오기 전에 갔다 오게."

"헉헉, 이번엔 어디로 갈까?"

"갯벌 끝에 있는 갈대숲 어때?"

꿈눈은 걸음을 뚝 멈추었어요.

"갈대숲? 거긴 왕주먹이 사는 곳이잖아?"

농게 왕주먹은 꼬마 게들만 보면 괜히 괴롭혔어요. 자기 주먹이 얼마나 센지 맛 좀 보라면서요. 털보는 별일 아니라는 듯 걷는발을 요리조리 움직이며 말했습니다.

"괜찮아! 빠른 발로 핑 도망가면 못 잡을 거야."

"왕주먹뿐만 아니야. 큰발들을 만날지도 몰라."

"큰발도 문제없어. 발울림이 느껴지면 아무 구멍

으로나 숨으면 돼!"

털보는 다짜고짜 앞으로 달려 나갔어요.

꿈눈은 한숨을 내쉬었습니다. 큰발들이 바닷가에 물막이둑을 만들고부터 갯벌은 점점 말라 갔어요. 게다가 큰발들은 홈통, 양동이, 호미 들을 앞세워 아무 때나 마을을 습격했습니다.

꿈눈은 털보의 뒷모습을 보며 떨어지지 않는 발걸음을 옮겼어요.

칠면초 언덕을 지나고 저 멀리 갈대숲이 보일 때였습니다. 앞서가던 털보가 갑자기 사라져 버렸어요. 마치 비눗방울처럼요.

꿈눈은 왕사탕만 한 눈을 데굴데굴 굴렸어요.

"털보야! 어디 있어? 털보야!"

발아래에서 모기만 한 소리가 들려왔습니다.

"여기야, 여기. 아래를 봐!"

털보는 큰발들이 놓아 둔 홈통에 빠져 있었어요.

"못 나가겠어! 꿈눈아, 나 좀 꺼내 줘. 응?"

털보가 집게발을 딱딱거리면서 호들갑을 떨었습니다.

"그러게 내가 뭐랬어! 잠깐만 있어 봐. 생각 좀 하게."

꿈눈은 주위를 휘휘 둘러보았어요. 털보를 끌어 내리려면 큰발들이 버린 노끈이라도 있어야 하는데 보이는 건 넓디넓은 갯벌뿐이었습니다.

꿈눈은 눈자루를 높이, 더 높이 치켜 올렸어요. 그러자 초록으로 물이 오른 갈대들이 눈에 들어왔습니다. 갈대숲은 갯벌 가장자리 딱딱한 땅에 있었어요. 큰발들이 자주 나타나는 곳이라 꼬마 게들에게는 금지된 곳이었지요.

꿈눈은 곧장 갈대숲으로 달려갔습니다. 그러고는 튼튼한 갈대를 잘라 부리나케 털보에게 돌아왔어요.

"이걸 꽉 붙잡아!"

꿈눈이 갈대를 홈통으로 내려보냈어요. 털보는

집게발로 갈대를 타고 오르기 시작했습니다.

"끄응, 영차! 끄응, 영차!"

털보가 반쯤 올라왔을 때였어요. '철퍼덕 철퍽' 갯벌을 뒤흔드는 발울림이 들렸어요. 두 꼬마 게는 돌멩이처럼 온몸이 굳어 버렸습니다.

"크, 큰발이야! 빨리 올라와. 빨리!"

꿈눈이 소리쳤어요. 하지만 털보는 바들바들 떨 뿐 도무지 속도를 내지 못했어요. 다급해진 꿈눈은 조개껍데기에 갈대를 걸쳐 놓았어요. 그런 다음 멀

리 물러났다가 '다다다다' 달려와 갈대 끝을 꽝 굴렸습니다. 순간 털보가 공중으로 날아오르더니 웅덩이로 첨벙 떨어졌어요.

"털보야, 괜찮아?"

"괜찮기는? 등딱지가 다 부서졌을 거야."

"보기에는 멀쩡해. 빨리 저쪽 구멍으로 숨자."

꿈눈과 털보는 재빨리 가까운 구멍 속으로 몸을 숨겼어요.

조금 뒤, 큰발이 다가와 홈통을 살펴보더니 혀를 끌끌 찼어요. 그러곤 또다시 철벅거리며 다른 곳으로 발길을 돌렸습니다.

털보가 말했어요.

"고마워. 너 아니면 꼼짝없이 잡혀갈 뻔했어."

"이제 갯벌 탐험도 못 하겠다. 점점 무서워져."

두 꼬마 게는 잔뜩 풀이 죽어 굴집으로 돌아왔습니다.

동그란 아침 해가 떠올랐습니다. 부지런한 갯지렁이들은 뻘을 헤집고 다니며 갯벌 식구들을 깨웠습니다. 짱뚱어도 점박이 지느러미를 활짝 펼치고 아침 운동을 했지요. 갯벌 식구들의 바쁜 하루가 시작되었습니다.

꿈눈은 아침밥을 먹자마자 털보에게 달려갔어

요. 둘은 마른 땅에서 햇볕을 쬐며 등딱지를 말렸습니다. 바다 냄새를 실은 바람이 온몸을 간질이고 지나갔어요. 사르르, 두 눈이 감기는 순간이었지요.

파수꾼 망둥이가 펄쩍 뛰어오르며 소리쳤습니다.

"비상! 비상! 큰발이 몰려온다!"

갯벌 식구들은 허겁지겁 뻘을 파고들었습니다. 꿈눈과 털보도 부리나케 굴집으로 몸을 숨겼어요.

큰발들의 습격은 무지막지했습니다. 굴집이 무너지고 갯벌 식구들의 절반이 잡혀가거나 목숨을 잃었어요. 한두 번 겪는 일은 아니었지만 이번처럼 처참한 적은 없었습니다.

갯지렁이 할아버지가 잘린 다리를 추스르며 말했어요.

"흠흠, 얼른 이곳을 벗어나야겠어. 이대로는 명대로 못 살 거야."

맛조개가 울먹이며 대꾸했어요.

"어디로 가자고요? 다른 마을도 쑥대밭이 되었대요."

"쿨럭쿨럭, 그래도 방법을 찾아야 돼."

"주위를 둘러보세요. 잡혀가고 부상당하고, 멀쩡

한 건 저기 철부지 꼬마 게들밖에 없어요. 누가 새로운 뻘을 찾을 건데요?"

맛조개의 말에 모두들 흐느꼈어요. 까불까불하던 짱뚱어까지 웅덩이에 머리를 처박고 거품만 뽀글거렸습니다.

곰곰이 듣고 있던 꿈눈이 털보의 등딱지를 두드렸어요. 따라오라는 신호였지요.

꿈눈은 곧장 굴집으로 들어가 짐을 꾸리기 시작했습니다. 플랑크톤 샌드위치와 다칠 때 바르는 칠면초 즙, 비상시에 쓸 밧줄도 챙겼어요.

멀뚱히 지켜보던 털보가 물었습니다.

"뭐 하는 거야? 여행 떠나려고?"

꿈눈은 잠시 집게발을 멈추었습니다.

"우리가 말랑말랑 갯벌을 찾자. 지금 그 일을 할 수 있는 건 우리뿐이야."

"밖은 위험해. 또 큰발을 만나게 될 거라고."

"그럴지도 모르지. 하지만 여기 있으나 밖으로 나가나 위험한 건 마찬가지야. 네가 싫다면 나 혼자 갈게."

털보가 입을 비죽였어요.

"누가 싫대! 절대로 너 혼자 보낼 수는 없어."

저녁노을이 붉게 물들 즈음, 꿈눈과 털보는 말랑 말랑 갯벌을 찾아 길을 떠났습니다.

켁켁 키릭키릭 도와줘!

밤하늘에 점점 더 많은 별들이 나타났어요. 두 꼬마 게는 바위에 앉아 지친 다리를 쉬었습니다. 그때 별똥별 하나가 어두운 밤하늘에 선을 그으며 바다로 떨어졌어요.

털보가 집게발을 활짝 펼치고 소리쳤습니다.

"햐아, 하늘등불은 언제 봐도 멋지다!"

꿈눈도 눈자루를 바짝 세우고 떨어지는 별똥별

을 세었습니다.

"하나, 둘, 셋……."

그때 물풀 사이에서 이상한 소리가 들려왔어요.

"켁켁 키릭키릭 켁켁!"

둘은 바위를 내려와 소리가 나는 쪽으로 살금살금 다가갔습니다.

갯벌 바닥에 어린 새 한 마리가 파닥거리고 있었어요. 목에 뭐가 걸렸는지 부리를 바닥에 탁탁 부딪치면서 말이에요.

꿈눈이 작은 소리로 속삭였어요.

"저러다간 부리가 남아나지 않겠어."

어린 새의 부리 끝은 둥글고 넙적했습니다. 도요새들의 길고 뾰족한 부리와는 확실히 달랐어요. 도요새는 칠게들의 천적이에요. 긴 부리로 굴집을 파헤쳐서 숨어 있는 칠게들을 귀신같이 잡아갔지요.

꿈눈이 물풀 뒤에 몸을 감춘 채 소리쳤어요.

"어린 새야, 네가 우리를 잡아먹지 않겠다고 약속하면 도와줄 수도 있어."

어린 새는 간신히 고개를 들었어요.

"난 지금 물 한 모금도 삼키지 못해."

털보가 삐딱하게 말했어요.

"낫고 나면 마음이 바뀔지 어떻게 알아?"

"너희는 겁쟁이로구나. 켁."

겁쟁이라는 말에 꿈눈의 두 눈이 빨개졌어요.

"우린 조심성이 많을 뿐이야!"

"나, 난 생명의 은인을 해칠 만큼 나쁜 새가 아니야. 켁켁켁!"

어린 새는 금방이라도 숨이 넘어갈 듯 기침을 했어요. 더 이상 보고 있을 수만은 없었습니다. 꿈눈은 불끈, 용기를 내어 어린 새에게 다가갔어요.

"어떻게 도와줄까? 목에 뭐가 걸린 거야?"

어린 새는 힘겹게 부리를 벌렸어요. 그러자 깨진 유리 조각이 목구멍에서 반짝 빛을 뿜었습니다.

"이런! 아프겠다. 그동안 아무것도 못 먹었겠구나?"

어린 새는 대답할 힘도 없어 보였어요.

"가만히 있어 봐. 내가 빼내 볼게."

꿈눈은 어린 새의 부리 속으로 눈자루를 들이밀었어요. 털보가 안절부절못하며 잔소리를 했습니다.

"맙소사! 제 발로 새부리 속에 들어간 칠게는 너뿐일 거야. 몸 좀 그만 들이밀어. 거기서 집게발로 살짝 빼내라고!"

꿈눈은 털보의 걱정에도 아랑곳않고 어린 새의 입속으로 더 깊이 들어갔어요. 그러고는 조심조심 유리 조각을 빼내어 밖으로 나왔지요. 어린 새의 얼굴이 편안해졌습니다.

"키릭키릭, 고마워! 겁쟁이라고 한 건 미안해. 사과할게."

"괜찮아. 모르고 그런 건데 뭐."

꿈눈은 눈자루에 잔뜩 힘을 주었습니다.

"난 꿈꾸는 눈이라고 해. 다들 꿈눈이라고 부르지만."

털보도 끼어들었어요.

"난 털보. 근데 넌 누구야? 못 보던 새인데?"

"내 이름은 넙적부리야. 큰발들은 우리를 저어새라고 부르더라."

"저어새?"

"응, 우린 얕은 바다에서 부리로 물을 저으며 고기를 잡거든."

"그런데 어쩌다가 이런 걸 먹었어? 아무거나 먹으면 안 돼. 이건 큰발들이 버린 물건이라고."

유리 조각은 뾰족하게 깨진데다 구멍까지 뚫려 있었어요.

꿈눈은 달빛에 반짝이는 유리 조각이 마음에 쏙 들었습니다.

"이 빛나는 조각은 기념으로 내가 가질래."

꿈눈은 유리 조각을 집게발에 묶었어요. 유리 조각이 반짝거리자 집게발이 더욱 멋져 보였습니다.

"넙적부리야, 넌 어디서 왔어?"

"여기서 북쪽으로 조금 더 가면 인공 섬이 있어. 큰발들이 만든 섬이지. 그곳은 늘 공사를 해서 먹을 것이 부족해. 그래서 좀 멀리 나온 거야."

"어디나 큰발들이 문제야! 우리도 큰발들 때문에 말랑말랑 갯벌을 잃었거든. 그래서 새로운 갯벌을 찾아가는 중이야!"

털보가 맞장구를 쳤어요.

넙적부리는 부러운 표정이었습니다.

"그 갯벌에는 물고기도 많겠지?"

꿈눈은 당연하다는 듯이 눈자루를 까딱였어요.

때마침 갯벌로 바닷물이 들어오고 있었습니다. 꿈눈은 넙적부리에게 작별 인사를 했어요.

"잘 가! 우린 물이 더 들어오기 전에 빨리 굴집을 파야 하거든."

꿈눈과 털보는 굴집 자리를 찾아 바쁘게 움직였어요. 넙적부리도 서둘러 날아올랐습니다.

"고마워! 너희는 정말 좋은 친구야!"

꿈눈은 굴집 파기를 멈추고 집게발을 흔들었어요. 친구라는 말을 들으니 넙적부리가 한결 가깝게 느껴졌습니다.

칠게, 하늘을 날다

아침 햇살이 넓은 갯벌을 가득 채웠어요. 꿈눈과 털보는 바위에 앉아 플랑크톤 샌드위치를 먹고 있었습니다. 볼이 빵빵해진 털보가 너스레를 떨었어요.

"네가 만든 샌드위치는 언제 먹어도 맛있어. 비법이 뭐야?"

"플랑크톤이 듬뿍 들어 있는 뻘! 이젠 찾기도 힘들어졌지만."

꿈눈은 입맛이 없었어요. 탐험을 나서기는 했지만 어디로 가야 할지 막막했으니까요.

털보가 물웅덩이에 비친 하얀 구름을 보고 말했습니다.

"저기 좀 봐. 구름이 꼭 뗏목처럼 떠다녀."

"뗏목?"

"생각 안 나? 저번에 비왔을 때 우리 뗏목 타고 놀았잖아!"

그 말을 듣자마자 꿈눈은 갈대숲으로 달려갔어요. 갈대들은 초록빛 줄기를 튼튼하게 세우고 하늘 높이 자라 있었습니다. 꿈눈은 굵은 갈대만 골라 밑동을 잘라 냈어요. 갈댓잎을 꼬아 긴 밧줄도 만들었고요.

털보가 마뜩잖은 얼굴로 말했습니다.

"너 지금 뗏목을 만드는 거야?"

"이거 타고 바다로 나가자. 파도를 타면 더 빨리 그리고 멀리까지 갈 수 있어."

털보는 바닥을 탕탕 굴렀어요.

"말도 안 돼. 뗏목을 타고 어떻게 바다로 나가!"

"주위를 둘러봐. 온통 말라 가고 있잖아. 시간이 없어."

털보는 대꾸할 말이 없었어요. 틀린 말도 아닌데다 꿈눈은 한번 마음먹은 일은 반드시 하고야 마는 고집쟁이거든요.

드디어 꿈눈이 갈대 뗏목을 완성했어요. 보기에는 얼기설기해도 두 꼬마 게를 태우기에는 너끈했습니다. 꿈눈과 털보는 바닷물이 들어오기를 기다렸다가 뗏목을 띄웠어요. 뗏목은 파도를 따라 넘실넘실 넓은 바다로 나아갔습니다.

하늘에는 구름 한 점 없었어요. 태양이 머리 위에서 이글이글 불타올랐지요. 꿈눈은 눈자루를 휘휘 돌려 육지를 찾았습니다. 햇볕에 뜨거워진 몸을 식힐 곳이 필요했거든요.

"꿈눈아, 뭐가 보여? 바위섬이라도 보이냐고?"

"아니, 아직. 멀리 큰발의 배가 지나가기는 해."

"등딱지가 익어 버리겠어."

뗏목에는 햇볕을 가려 줄 그늘 하나 없었어요.

먹을 샌드위치도 다 떨어졌고, 노를 젓는 것도 점점 힘들어졌지요.

수시로 덮쳐 오는 높은 파도는 두 꼬마 게의 정신을 쏙 빼 놓았습니다. 꼬마 게들은 갯벌로 돌아가고 싶은 마음이 굴뚝같았어요.

그때 멀리 있던 큰발의 배가 물살을 가르며 다가왔습니다. 하얀 거품이 일고 바다가 요동치기 시작했어요.

꿈눈이 다급한 목소리로 외쳤습니다.

"털보야, 얼른 노를 저어. 뗏목이 뒤집히겠어!"

"쳇. 큰발들은 정말 도움이 안 된다니까!"

꿈눈과 털보는 허겁지겁 노를 저었어요. 그러나 큰발의 배는 점점 더 가까워졌지요. 우르르 밀려온 파도가 뗏목을 덮쳤습니다. 두 꼬마 게는 파도에 휩쓸리고 말았어요. 꿈눈은 정신을 잃지 않으려고 눈

을 부릅떴습니다. 털보가 허우적거리는 모습이 보였어요.

꿈눈은 한쪽 집게발로 뗏목을 붙잡고 다른 집게발을 뻗어 털보를 낚아챘어요. 파도가 사정없이 얼굴을 때렸습니다. 집게발이 끊어질 것만 같았어요. 하지만 꿈눈은 끝까지 털보를 놓지 않았습니다.

배가 지나가자 물결도 잠잠해졌습니다. 가까스로 뗏목에 기어오른 꼬마 게들은 그대로 정신을 잃고 말았어요. 뗏목은 파도에 휩쓸려 알 수 없는 곳으로 떠내려갔습니다.

어느덧 수평선이 붉게 물들었습니다. 뗏목 위로 시원한 바람이 불기 시작했어요. 꿈눈은 집게발을 까딱거리며 깨어나려고 애썼지요.

그때 어디선가 날갯짓 소리가 들려왔어요. 그 소

리는 점점 커지더니 뗏목 위에서 멈추었습니다. 꿈눈은 더럭 겁이 났어요.

'이대로 새의 밥이 되고 마는 걸까?'

"키릭키릭! 꿈눈이랑 털보 아냐?"

꿈눈은 반짝 눈을 떴습니다.

"너, 넙적부리?"

털보도 부시시 깨어났어요.

"설마, 유령은 아니겠지?"

"엉뚱하기는! 뭐가 반짝반짝 빛나기에 와 봤더니, 꿈눈 발에 묶인 유리 조각이잖아! 그런데 너희는 여기서 뭐 하는 거야?"

꿈눈이 기어 들어가는 소리로 대답했어요.

"뗏목을 타고 가면 좀 더 빨리 말랑말랑 갯벌에 닿을 것 같아서."

"쯧쯧쯧, 갯벌에서만 살더니 바다를 너무 얕보는군. 큰발들의 배도 한순간에 뒤집히는 바다라고. 내가 다시 갯벌로 데려다줄게."

털보가 집게발을 번쩍 들었어요.

"고마워, 친구야!"

넙적부리는 꿈눈과 털보를 부리에 물고 하늘로 날아올랐어요. 털보가 발갛게 물든 바다를 내려다보며 소리쳤습니다.

"와아! 하늘을 나는 것도 나쁘지 않네!"

꿈눈이 볼멘소리로 대꾸했어요.

"지금 그런 말이 나오냐?"

큰발에게 잡히다

넙적부리는 갯벌 바위에 두 꼬마 게를 내려놓았어요.

"이제 됐지? 난 가 볼 곳이 있어."

털보가 눈을 껌뻑이며 물었어요.

"어딜 가는데 그렇게 서두르는 거야?"

"으응, 바다가름 보러."

"바다가름?"

"여기서 조금만 남쪽으로 가면 바위가 많은 갯벌이 있대. 그곳에서 섬까지 바닷길이 열리는데 입이 딱 벌어지게 멋지다는 거야."

꿈눈이 눈자루를 바짝 세웠어요.

"넙적부리야, 우리도 같이 가자. 바다 가운데에 있는 섬이라면 분명 말랑말랑 갯벌이 있을 거야."

"안 돼. 더 이상 너희를 물고 갈 수 없어. 아직도 부리가 얼얼한 걸."

꿈눈과 털보는 입을 모아 소리쳤습니다.

"걸어가면 되지!"

그러고는 벌떡 일어나 바위를 내려갔어요.

"이제부터 넙적부리 너도 갯벌원정대야."

꿈눈과 털보는 다짜고짜 남쪽으로 걷기 시작했어요. 얼떨결에 갯벌원정대가 된 넙적부리도 푸르르 날개를 털고 날아올랐습니다.

하늘을 나는 새가 꼬마 게들과 함께 간다는 건 쉬운 일이 아니었어요. 넙적부리는 앞서가다 돌아오고, 하염없이 기다리는 일을 몇 번이나 반복해야 했지요. 미안해진 두 꼬마 게는 하얗게 밤을 새우며 걸음을 재촉했습니다.

얼마쯤 가자 모래 갯벌이 나타났어요. 버석버석한 모래 알갱이를 보고 꿈눈과 털보는 힘이 쭉 빠졌습니다. 뻘에 사는 꼬마 게들은 모래를 좋아하지 않았어요. 모래 속의 플랑크톤은 맛이 없는데다 알갱이는 삼키기도 힘들었거든요.

게다가 모래 갯벌에는 눈이 움푹하고 등딱지가 얼룩덜룩한 범게가 있었어요. 범게는 몹시 못마땅한 얼굴로 갯벌원정대를 노려보았습니다.

"너희는 누군데 여기 와서 귀찮게 하는 거야? 빨리 가던 길이나 가."

범게가 눈을 부라리자 두 꼬마 게는 숨이 멎을 것 같았어요. 그렇게 험상궂은 등딱지는 처음 보았거든요. 툭 튀어나온 눈망울에 정신 사나운 얼룩무늬까지! 보고만 있어도 눈이 뱅글뱅글 돌았습니다.

털보가 뒤로 물러나며 이죽거렸어요.

"간다, 가! 심보 한번 고약하네, 쳇!"

원정대는 할 수 없이 갯벌 끝에서 지친 다리를 쉬었습니다. 넙적부리는 바닷가로 배를 채우러 가고, 꿈눈과 털보는 물웅덩이를 찾았어요. 모래 갯벌에도 물웅덩이에는 부드러운 뻘이 있을 테니까요.

두 꼬마 게가 한참 뻘을 찾아 헤매고 다닐 때였어요. 손에 호미와 물통을 든 큰발들이 갑자기 갯벌로 뛰어들었어요. 너무 순식간이라 피할 겨를도 없었습니다.

큰발들은 환호성을 질렀어요.

"와하하, 게다! 얘들아, 여기 게가 있어!"

큰발은 꿈눈과 털보를 차례로 집어 올렸습니다.

꼬마 게들은 집게발을 딱딱거리며 공격을 퍼부었어요.

"아얏!"

큰발 하나가 비명을 질렀습니다. 그러자 주위에 있던 다른 큰발들이 우르르 몰려들었어요.

물통이 흔들리고 거센 파도가 일었어요. 몸이 공중으로 솟았다 떨어지기를 여러 번, 꿈눈과 털보는 머리가 빙빙 돌고 속이 메스꺼웠어요.

그때 또 다른 목소리가 들려왔습니다.

"조용조용. 이제 저기 보이는 산으로 가서 도시락을 먹을 겁니다. 자, 나를 따라오세요."

큰발들은 줄을 지어 마을 뒷산으로 올라갔어요. 큰발이 움직이는 동안, 꿈눈과 털보는 물통 안에서 꼼짝도 할 수 없었습니다.

논두렁을 지나 마을 안길을 통과해 소나무가 늘어서 있는 뒷산에 도착했을 때였습니다.

물통 속을 살핀 큰발이 툴툴거렸어요.

"게들이 벌써 죽었나 봐. 꼼짝도 안 해!"

큰발은 손가락으로 꿈눈을 집더니 아래위로 흔들었어요. 덜렁덜렁, 집게발이 떨어질 듯 흔들거렸습니다.

꿈눈은 정신을 잃고 말았어요.

큰발은 꿈눈을 물통에 던져 넣고 이번에는 털보를 툭툭 건드렸어요. 털보는 죽은 듯이 꼼짝하지 않았습니다. 기절한 것이 아니라 너무 겁이 나서 발끝 하나도 움직일 수 없었어요.

"이것도 죽었어. 어쩌지?"

"그냥 버려! 또 잡으면 되잖아."

큰발은 잠시 망설이더니 물통을 풀숲에 던져 버렸습니다.

괴, 괴물이다!

뚜르르 뚜르르, 풀벌레 소리가 어두운 숲 속으로 퍼져 나갔어요. 털보는 물통 벽에 바짝 눈을 대고 밖을 내다보았습니다.

"꿈눈아, 일어나! 큰발이 우릴 버렸나 봐."

꿈눈은 간신히 눈을 떴어요. 주위는 깜깜했습니다. 꿈눈은 정신을 차리려고 집게발로 등딱지를 톡톡 두드렸어요.

사그락사그락, 풀 밟는 소리가 들리더니 검은 그림자가 나타났습니다. 절뚝거리며 다가온 검은 그림자는 물통을 향해 뒷발을 날렸어요. 차르르, 물이 쏟아지고 꼬마 게들은 통 밖으로 밀려 나왔습니다.

검은 그림자가 코를 쿵쿵대며 소리쳤어요.

"어라, 갯벌에 사는 꼬마 게 아냐?"

털보가 우다다닥 일어나더니 집게발을 치켜들었습니다.

"괴, 괴, 괴물이다!"

"와하하! 괴물? 지금 이 고라니 님을 몰라보는 거냐?"

꿈눈은 고라니를 아래위로 훑어보았어요.

"고라니? 갯벌 식구는 아닌데. 어디서 왔어?"

"허억, 어디긴 어디야 숲이지! 너네야말로 숲엔 웬일이냐? 여긴 꼬마 게들이 있을 데가 아니거든!"

꿈눈은 문득 생각나는 것이 있었어요. 언젠가 갯벌을 뛰어다니던 긴 다리를 보고 갯지렁이 할아버지가 혀를 끌끌 찬 적이 있었거든요.

"철없는 산짐승 같으니라고."

가만히 보니 그때 그 산짐승이 틀림없었어요.

꿈눈은 집게발을 스르르 내렸습니다.

"난 꿈눈이야. 얘는 내 친구 털보. 낮에 큰발에게 잡혀 왔어."

"아하, 난 또 갯벌에 사는 꼬맹이들이 웬일인가 했네. 난 날랜발이라고 해."

털보가 절뚝거리는 고라니 발을 흘깃거리며 콧방귀를 뀌었어요.

"별로 날래 보이지 않는데?"

날랜발은 입을 씰룩거렸어요.

"다리 좀 아프다고 못 달릴 것 같아? 이래 봬도

이 숲에 나보다 빠른 뜀뛰기 선수는 없어!"

"흥, 다 놀러 갔나 보지."

털보가 어깃장을 놓았어요.

꿈눈이 둘 사이를 막아섰습니다.

"우린 갯벌원정대야. 말랑말랑 갯벌을 찾아 바다 가운데에 있는 섬으로 가는 길이지."

"바다 가운데에 있는 섬? 혹시… 거기에 숲도 있을까?"

"당연하지."

"그럼 나도 끼워 줘. 나도 마음 놓고 살 곳을 찾고 있거든."

날랜발의 말에 털보가 눈을 깜빡였어요.

"너도 내쫓긴 거야?"

날랜발은 금세 눈물을 글썽였어요.

"깜깜한 밤이었어. 엄마랑 건너편 숲으로 물을

먹으러 가던 길이었지. 막 도로를 건너는데 느닷없이 불빛이 다가오더니 '빠앙' 하고 귀청 터지는 소리를 내지 뭐야. 난 너무 놀라서 얼음이 되어 버렸어. 정신을 차려 보니 불빛은 가고 없고, 엄마가…,

흑흑!"

"발도 그때 다친 거구나."

털보가 목멘 소리로 말했어요.

"응. 그 뒤로 혼자 떠돌아다녔어. 그런데 요즘 자꾸 숲이 없어지고, 기계들이 나무를 베고, 무시무시한 쇳덩이가 땅을 파헤쳐. 그래서 나도 마음 놓고 살 곳이 필요해. 부탁이야. 제발 원정대에 끼워 줘. 응?"

꿈눈은 눈시울을 붉혔어요. 갯벌 식구들 못지않게 날랜발의 사정도 딱했습니다.

"안 될 건 없어. 둘보다는 셋이 낫고 셋보다는 넷이 나을 테니까."

"넷이라고?"

"응, 넙적부리라는 저어새도 우리 대원이야. 지금쯤 우리를 찾고 난리가 났을걸. 어서 갯벌로 돌아가야겠다."

꿈눈의 말이 끝나자마자, 날랜발이 바닥에 납작 엎드렸어요.

"내 등에 올라타. 갯벌로 데려다줄게."

털보가 입을 쩍 벌렸어요.

"등에 타라고?"

"그래, 내가 아무리 절뚝거려도 너네들이 걸어가는 것보단 빠를걸."

꿈눈과 털보는 서로 마주 보며 고개를 끄덕였어요. 날랜발의 말이 백번 천번 옳았거든요. 둘은 날랜발의 등으로 기어 올라가 등가죽을 꽉 붙잡았습니다.

"아야얏! 살살 잡아. 등에 구멍 나겠다!"

신이 난 날랜발은 경중경중 뛰어 산을 내려왔어요. 마을길을 지나 논두렁을 거쳐 부지런히 달렸지요. 멀리서 그 모습을 본 넙적부리가 쏜살같이 마중을 나왔습니다.

눈을 감아 봐

갯벌원정대는 바닷가를 따라 남쪽으로 내려갔어요. 갯벌에는 이미 물이 들어와 있어서 큰길로 올라와야 했습니다.

큰길에는 자동차들이 쌩쌩 달리고 있었어요. 자동차 불빛이 얼마나 밝은지 꼬마 게들은 제대로 눈을 뜰 수가 없었습니다. 하지만 진짜 큰 문제는 날랜발이었어요. 도롯가에 서서 바윗돌처럼 꼼짝도

하지 않았거든요.

넙적부리가 날랜발을 재촉했어요.

"길을 건너야 돼. 어서 뛰어."

날랜발은 대답도 않고 바들바들 떨기만 했어요. 엄마와 이별했던 순간이 오롯이 떠올랐던 거예요. 계절이 두 번이나 바뀌고, 장소도 다르지만 날랜발에게 찻길은 두렵기만 했습니다.

보다 못한 털보가 엉덩이를 들썩이면서 소리쳤어요.

"이러다가 큰발에게 잡히겠어! 차라리 내려서 걸어가는 게 낫겠다."

꿈눈이 버럭 화를 냈어요.

"안 돼! 날랜발은 어쩌고?"

꿈눈이 날랜발의 목을 타고 기어 올라갔어요. 집게발로 가죽을 콕콕 집는데도 날랜발은 꿈쩍도 하지 않았습니다.

꿈눈은 날랜발의 귓바퀴에 몸을 기대고 고함을 질렀어요.

"야! 날랜발! 내 말 들려? 들리냐고?"

날랜발이 놀라 머리를 털었어요. 하마터면 꿈눈이 바닥으로 떨어질 뻔했어요.

꿈눈은 숨을 몰아쉰 다음 조근조근 말했습니다.

"어디 아파? 왜 꼼짝도 안 해?"

날랜발은 기어 들어가는 목소리로 대답했어요.

"자꾸 그날이 생각나. 그 무서운 불빛과 엄마."

꿈눈은 예상했다는 듯이 눈자루를 축 늘어뜨렸어요. 두 눈을 꿈뻑꿈뻑, 집게발로 등딱지를 톡톡……. 그러곤 마침내 입을 열었습니다.

"날랜발, 눈을 감아 봐. 그리고 바다 한가운데에 있는 푸른 숲을 떠올려. 넌 거기서 뜀뛰기 경주를 하는 거야."

 날랜발은 눈을 감았어요.

 때마침 찻길 건너에서 상쾌한 바람이 불어왔어요. 소나무들이 바람에 꽃가루를 실어 보냈지요. 날랜발은 숲속에 있는 자기 모습을 떠올렸어요. 무서운 불빛도 숲을 파헤치는 기계도 없는 안전한 곳이었습니다.

 쌩쌩 달리던 자동차 소리가

뜸해지자 날랜발은 앞으로 나아갔어요. 한 발 한 발, 그렇게 길 한가운데까지 왔을 때였습니다.

멀리서 자동차 소리가 들려왔어요. 작은 소리에도 예민한 날랜발의 귀가 나뭇잎처럼 파르르 떨렸습니다.

날랜발은 또다시 바윗돌이 되고 말았어요.

"안 돼!"

다급해진 털보가 날랜발의 주둥이로 기어 올라갔어요. 그러고는 집게발로 날랜발의 콧등을 콱 집었지요.

"아얏!"

정신이 번쩍 든 날랜발은 바닥을 박차고 튀어 나갔습니다. 그 순간, 등 뒤로 자동차가 쌩 지나갔어요. 정말 아슬아슬한 순간이었습니다.

꿈눈과 털보는 집게발을 벌벌 떨었어요. 공중에서 지켜보던 넙적부리가 빙빙 돌며 소리쳤습니다.

"잘했어, 날랜발. 이제 몇 발작만 더 가면 돼."

얼떨결에 찻길을 건넌 날랜발은 가슴을 쓸어내렸어요. 지나고 보니 아무 일도 아닌 것 같았지요.

날랜발은 멋쩍은 얼굴로 말했습니다.

"큼큼, 미안해. 지금부터는 나만 믿으라고."

털보와 꿈눈은 긴 숨을 몰아쉬었습니다.

날랜발은 꼬마 게들을 태우고 다시 갯벌을 찾아 떠났어요. 얼마쯤 가자 언덕 아래로 바위가 들쑥날쑥 솟아 있는 바위 갯벌이 보였습니다.

넙적부리가 큰 소리로 말했어요.

"여기야 여기! 바닷가로 내려가 보자!"

바위 갯벌에는 크고 작은 돌들이 많았어요. 미역과 파래가 여기저기 널브러져 있고 바위는 따개비들이 붙어 거칠거칠했어요. 꿈눈과 친구들은 움푹움푹한 바위 사이에 자리를 잡고 바다가름을 기다렸습니다.

꿈눈이 물었어요.

"넙적부리야, 정말로 바닷속에서 길이 생겨나는 거야?"

"조금만 기다려 봐. 내 정보는 틀림없어."

드디어 하늘이 푸르스름하게 밝아 왔습니다. 들

어오던 바닷물이 방향을 바꾸어 먼 바다로 나가기 시작했어요. 그러자 물에 잠겼던 갯벌이 점점 드러났습니다.

드디어 바닷물이 양쪽으로 갈라지고 바닷길이 생겨났어요. 길은 점점 길어져 바다 가운데에 있는 섬까지 이어졌습니다.

날랜발이 흥분해서 소리쳤어요.

"애들아, 어서 등에 타."

날랜발은 갯벌로 내려가 바닷길 앞에 섰습니다.

넙적부리가 공중을 빙빙 돌며 신호를 보냈어요.

"자, 출발!"

날랜발은 뒷다리에 바짝 힘을 주고 힘차게 내달렸습니다. 돌덩이가 발굽에 박혀 쓰라렸지만 상관하지 않았어요. 푸른 숲이 빨리 오라고 손짓하고 있었으니까요.

비릿한 바닷바람이 날랜발의 얼굴로 불어왔습니다. 그 속에는 향긋한 솔향기도 섞여 있었어요. 날랜발은 더욱 더 힘을 내 바닷길을 달렸습니다.

　섬은 우거진 수풀과 갯벌로 둘러싸여 있었어요. 뻘이 얼마나 말랑한지 날랜발의 발목이 폭폭 빠질 정도였지요.

　흥분한 털보는 날랜발의 등에서 미끄러져 내려와 '철퍽' 갯벌로 뛰어들었습니다. 꿈눈도 뻘을 한 줌 집어 먹고는 집게발을 부르르 떨었어요.

"이렇게 맛있는 뻘은 처음 먹어 봐!"

날랜발은 코를 킁킁거리며 초록 숲을 쳐다보았습니다. 상큼한 풀 향기가 날랜발의 코를 간질였지요. 에에취! 시원하게 재채기를 한 날랜발은 초록 숲으로 달려갔습니다.

그사이, 넙적부리는 섬을 한 바퀴 돌았습니다. 얕은 물을 발견한 넙적부리는 날개를 기울이며 사뿐히 내려앉았습니다. 그러곤 뭉툭한 주걱부리로 물을 휘휘 저으며 물고기를 잡았지요.

배가 빵빵해지자 갯벌원정대는 모두 한자리에 모였습니다. 저마다 본 것과 먹은 것들에 대해 자랑을 늘어놓았지요.

꿈눈과 털보는 말랑말랑 뻘을, 날랜발은 부드러운 풀과 초록 숲을, 넙적부리는 집 짓기 좋은 갯바위와 풍부한 물고기를 이야기했어요.

꿈눈이 푸르스름한 집게발을 번쩍 들었습니다.

"좋아, 이제 딱 한 가지 일만 남았어. 고향으로 돌아가 갯벌 식구들을 데려올 테야."

털보가 맞장구를 쳤습니다.

"우리가 말랑말랑 갯벌을 찾았다고 하면 모두 기절하겠지?"

"그러려면 어서 섬에서 나가야 돼. 곧 바닷길이 닫힐 테니까."

넙적부리의 말에 날랜발이 잽싸게 등을 내밀었습니다.

"어서 타. 내가 번개처럼 데려다줄 테니까."

꿈눈과 털보는 서둘러 날랜발 등에 올라탔어요.

갯벌원정대는 물이 차오르는 바닷길을 향해 힘차게 달려갔습니다.

바다 한가운데에 작은 섬이 있습니다.

사계절 내내 숲이 우거지고

말랑말랑한 갯벌이 있는 이 섬에는

꿈눈과 친구들이 살고 있습니다.

큰발이 몰려온다!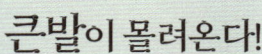
ⓒ 2018 황종금, 문종훈

글쓴이 황종금 | 그린이 문종훈
펴낸이 곽미순 | 편집 윤소라 | 디자인 김민서

펴낸곳 ㈜도서출판 한울림 | 기획 이미혜 | 편집 윤도경 윤소라 이은파 박미화 김주연
디자인 김민서 이순영 | 마케팅 공태훈 윤재영 | 경영지원 김영석
출판등록 2004년 4월 12일(제2004-000032호) | 주소 서울특별시 마포구 희우정로16길 21
대표전화 02-2635-1400 | 팩스 02-2635-1415 | 홈페이지 www.inbumo.com
블로그 blog.naver.com/hanulimkids | 페이스북 www.facebook.com/hanulim
인스타그램 www.instagram.com/hanulimkids

첫판 1쇄 펴낸날 | 2018년 2월 22일   3쇄 펴낸날 | 2021년 11월 29일
ISBN 979-11-87517-36-8 73810

*한울림어린이는 ㈜도서출판 한울림의 어린이 책 브랜드입니다.
*잘못된 책은 바꾸어 드립니다.

어린이제품안전특별법에 의한 제품 표시   제조국 대한민국   사용연령 8세 이상